Ce que l'art doit à Napoléon

Ce que l'art doit à Napoléon

Robert de la Sizeranne

Editions Le Mono

Collection «*Les Pages de l'Histoire* »

Connaître le passé peut servir de guide au présent et à l'avenir.

ISBN : 978-2-36659-441-6
EAN : 9782366594416

L'art est un des moyens qu'ont les hommes de communiquer entre eux. Toute œuvre d'art a pour effet de mettre l'homme à qui elle s'adresse en relation, d'une certaine façon, à la fois avec celui qui l'a produite et avec tous ceux qui, simultanément, antérieurement, ou postérieurement, en reçoivent l'impression.

- L. Tolstoï

Un jour, peu après Marengo, le Premier Consul fit venir le peintre Louis David pour lui commander son portrait et, causant avec lui en présence de Lucien Bonaparte : « Que faites-vous en ce moment? — Le passage des Thermopyles! » dit le peintre en se hérissant d'enthousiasme. Cette belle réponse n'eut pas le succès qu'il en attendait. Bien des tâches paraissaient plus urgentes au Premier Consul que l'apothéose de Léonidas. Il s'ensuivit une discussion, où David fut fort éloquent s'il faut en croire son biographe, — et ce qui n'est guère croyable, — puis l'abandon provisoire du thème antique pour d'autres plus actuels. Comme Lucien sortait du cabinet dictatorial avec David, il lui dit : « Voyez-vous, mon cher, il n'aime que les sujets nationaux, parce qu'il s'y trouve pour quelque chose. C'est son faible... » Et, sans doute, tous deux déplorèrent, en s'en allant, le mauvais goût du Maître, qui allait dévoyer l'art en l'aiguillant du côté de la vie.

Que cette anecdote, contée longtemps après par un élève de David, soit exacte en tous ses détails ou non, elle a deux titres à être rappelée. Elle est vraisemblable et elle est topique. Elle s'accorde avec tout ce que nous savons du goût de Bonaparte pour les gestes de son époque et elle nous le montre aux prises avec l'engouement de son époque pour l'Antiquité. On le voit, là, dès sa prise du pouvoir, donnant à l'Art, comme à toute chose en France, le point de direction et le mouvement, et ce point de direction est diamétralement l'opposé de celui qu'on vise dans les ateliers et la critique. Les enseignements de l'École, les esthétiques à la mode, les théories des jeunes artistes d'avant-garde, les *Fauves* de ce temps-là, qu'on appelait les *Barbus*, il les ignore, ou ne s'en soucie !

Commencez par faire un chef-d'œuvre, les pédants trouveront toujours des raisons pour le justifier. Telle est sans aucun doute sa pensée, s'il en a d'autres que d'affermir son pouvoir et d'exalter son nom. L'Art doit servir, sous son règne, à magnifier la vie : tel est l'ordre et en route! Les historiens diront ce qu'ils voudront.

Ce qu'ils ont dit jusqu'ici ne lui est pas très favorable. Napoléon ne leur fait nullement l'effet d'un Mécène éclairé. Les uns s'égaient de sa prédilection marquée pour l'éléphant, considéré comme un parangon des vertus monumentales et décoratives. Les autres s'indignent de ses projets sur les jardins de Versailles et de son idée d'y figurer, à la place des divinités de l'Olympe, les plans en relief des capitales conquises. D'autres encore le gourmandent sur sa ladrerie à Saint-Denis. Tous, ils épousent les griefs d'Alexandre Lenoir, le fondateur du Musée des monuments français, lequel ayant recueilli les sculptures arrachées aux églises, trouvait monstrueux et presque sacrilège qu'on les leur restituât. Ils accusent encore l'Empereur d'avoir voulu sacrifier les *Noces de Cana* à ses propres noces avec Marie-Louise, en ordonnant de jeter hors du *Salon Carré*, ou de brûler, si l'on n'avait pas le temps de le transporter, le chef-d'œuvre de Véronèse. Et Joséphine qui fourrage dans les bijoux du Louvre, pour s'en approprier le meilleur! Et les ordonnateurs des cérémonies impériales qui menacent d'enlever les reliques des Petits-Augustins pour les exigences de leur mise en scène! Enfin, cette idée inouïe d'ôter du musée et de remettre à Saint-Denis les tombeaux qui en avaient été retirés! Que de griefs contre Napoléon !

Mais surtout, ce contre quoi ils ont cru devoir, depuis cent ans, protester, c'est son despotisme. C'est un des lieux communs de l'histoire au XIXe siècle que le despotisme, étant chose mauvaise en soi, ne peut produire, en Art, que de mauvais fruits, tandis qu'un peuple libre enfante nécessairement des chefs-d'œuvre.

Delécluze, le meilleur biographe de Louis David et le plus intelligent, n'échappe pas à l'emprise de ce postulat : « Le conseil donné par Bonaparte à David d'abandonner les sujets tirés de l'histoire ancienne pour peindre les événements de la sienne, la commande que le nouvel Empereur fit de quatre grands tableaux pour consacrer le souvenir de son couronnement, et enfin le salut tant soit peu théâtral donné par Napoléon à son premier peintre dans son atelier, suffisent pour faire apprécier le genre d'importance que ce souverain prêtait réellement aux arts et à la peinture, » dit, en 1855, cet austère critique des *Débats*. Un autre, un biographe de Gros vient-il à raconter que la commande du *Combat de Nazareth*, où triompha Junot, fut d'abord confié à ce peintre, puis finalement rapportée, il en accuse « la mesquine et inavouable jalousie de l'homme qui, s'apprêtant à confisquer la France, à faire de la patrie un tremplin, la plier à toutes les exigences de ses fantaisies despotiques, ne pouvait souffrir qu'une gloire rivale se manifestât à ses côtés. » Enfin, l'un des derniers biographes de David est-il mécontent que l'Empereur ait refusé à son héros la direction suprême des travaux officiels, il conclut : « Au fond, Napoléon, là comme ailleurs, ne se souciait que de lui-même. En soutenant David, il ne songeait qu'à sa propre gloire. »

Il est vrai, — et, d'ailleurs, on ne voit point à quoi d'autre ont songé Jules II en soutenant Michel-Ange, Marie de Médicis, Rubens, ou le More, Vinci. Mais ce n'est pas de cela qu'il s'agit ici. Les goûts esthétiques de Napoléon, si tant est qu'il en eut, ne sont point en cause, encore moins son désintéressement. Les mobiles de ses actes et les traits de son caractère sont du domaine des historiens de l'Empereur : ce qui regarde l'historien de l'Art, ce sont leurs effets sur les œuvres. Ce qu'il s'agit donc de démêler, c'est quelles conséquences, heureuses ou néfastes, put avoir, pour notre École française, sa brusque immixtion dans ce domaine, qui lui était fort étranger. Je ne veux point parler des choix qu'il fit parmi les artistes. On les connaît et, que ce soit le hasard ou quelque divination qui les ait dictés, on les approuve. Avoir pris David comme premier peintre, Prud'hon comme portraitiste, d'abord de Joséphine, puis du roi de Rome, enfin comme professeur de Marie-Louise, Gros comme peintre des hauts faits du règne, Houdon comme portraitiste en marbre,

Isabey comme costumier et ordonnateur, Denon comme directeur général et Visconti comme conservateur des Antiques, c'est de quoi on louerait n'importe quel Mécène. Rien ne prouve que les décisions d'une commission parlementaire eussent été plus judicieuses. Et, d'ailleurs, comment auraient-elles pu l'être ? C'étaient, là, les plus grands artistes ou érudits d'art du temps. Mais ce n'est pas Napoléon qui les a créés, ni leurs postes officiels qui ont pu influer sur leur génie. Peu importe même la protection accordée, les crédits ouverts, les murailles confiées par l'Empire à ces maîtres. Ils auraient pu manquer et leur couleur demeurer la même. Il ne s'agit, enfin, ni des palais livrés à Percier et Fontaine, ni des ukases imposant les soieries de Lyon ou la toile de Jouy. Il s'agit de ce qui a pu modifier l'essence même, l'esthétique et jusqu'à la facture de l'œuvre d'art. La volonté du maître a-t-elle exercé quelque influence de cette nature et laquelle? Cette influence a-t-elle été désastreuse ou bien salutaire? Voilà ce qu'il faudrait rechercher pour dire ce que doit l'Art, — s'il lui doit quelque chose, — à Napoléon.

I

Pour trouver ce que l'art doit à Napoléon, il faut bien se représenter comment était orientée l'École française, quand il parut. Un mot de Louis David, enseignant ses élèves, va nous le faire voir tout de suite. Cet élève était Couder; il venait d'un atelier rival de David, celui de Regnault et il attendait avec angoisse le verdict de son nouveau maître. « Ta figure n'est pas mal, lui dit celui-ci, mais vois-tu, mon ami, tu viens de chez Regnault, on s'en aperçoit et *tu fais français...* » Stupeur du pauvre élève à ce reproche, auquel il ne comprend rien ! Charles Blanc, en racontant il y a déjà longtemps cette histoire, ajoutait avec sa solennité coutumière : « Ce qu'entendait le grand peintre, c'est que l'artiste devait s'élever du particulier au général, du relatif à l'absolu; que, dans le modèle qui posait devant lui, il devait voir non pas seulement la physionomie de tel ou tel individu, mais un homme : l'homme de tous les temps et de tous les pays. Et comme les Grecs et certains maîtres italiens avaient su généraliser la figure humaine, lui imprimer un caractère impersonnel et trouver le style par l'effacement du détail, il voulait qu'on peignît l'éternelle humanité, celle qu'avaient représentée les Grecs. Voilà ce que signifiait cette recommandation de *ne pas faire français.* »

Cela signifiait encore autre chose : c'est qu'il fallait rompre avec les maîtres du XVIIIe siècle, ne plus choisir les mêmes sujets qu'eux, ne plus composer ni éclairer comme eux, ne plus dessiner comme eux, ne-plus peindre dans leur gamme ni poser les couleurs, ni conduire le pinceau de la même manière. Tout cela, c'est-à-dire la tradition des Watteau, des Boucher, des

La Tour, des Perronneau, des Chardin, des Fragonard, tradition française s'il en fut, devait être brisée net. Si on l'avait apprise, il fallait la désapprendre. C'était artificiel, convenu, faux, mou, efféminé, d'un charme équivoque, d'une séduction traîtresse, coupable. La France nouvelle, régénérée par la philosophie et le culte de Rome, se devait de créer un art qui répondit à ses aspirations mâles et austères. Elle était saturée jusqu'à la nausée de ce que le XVIIIe siècle lui avait prodigué : la galanterie des fêtes galantes, la sensibilité pleurarde de Greuze, l'effronterie de Baudouin, les escarpolettes, les gimblettes et les couchers de la Mariée, les bergeries sucrées de Boucher et les mythologies de Natoire ou des Van Loo; saturée des sous-entendus grivois, des grâces coquines, des yeux en coulisse, des mains fureteuses, des fichus bâillants et, tout autant, de leur antithèse : les vertus mesquines de Chardin et son pittoresque pot-au-feu.

De là, un désir fou, une ivresse épique de se refaire une virile image de l'humanité aux grands gestes héroïques des Brutus, des Régulus, des Scaevola. On était las aussi des vivacités, des prestesses, du tour sémillant et spirituel que Watteau et Fragonard donnaient à leurs figures, d'autant qu'entre les mains de leurs mauvais imitateurs il avait tourné au maniéré et au tourmenté. On ne voulait plus, enfin, de la mimique théâtrale enseignée à l'Académie royale. « Voyez-vous, disait David à Delécluze, en lui montrant deux têtes dessinées d'après l'antique à Rome, dans sa jeunesse, voilà ce que j'appelais alors l'*Antique tout cru*. Quand j'avais copié ainsi cette tête avec grand soin et à grand'peine, rentré chez moi, je faisais celle qui est dessinée auprès. Je l'assaisonnais à la sauce moderne, comme je le disais en ce temps-là. Je fronçais tant soit peu le sourcil, je relevais les pommettes, j'ouvrais légèrement la bouche, enfin je lui donnais ce que les modernes appellent de l'*expression* et ce qu'aujourd'hui (1807) j'appelle de la grimace. »

Où fallait-il donc aller pour retrouver le naturel, le simple, le grand? A la nature? Point du tout : nul n'y songe. Aux maîtres de la peinture : Vélazquez, Rembrandt, Titien, Rubens, Franz Hals, Léonard, Véronèse? Non plus, il n'en est pas question. Ce qu'il faut consulter, c'est non les peintres, mais les statuaires. Le prototype de l'art pictural ne saurait être dans ce qui donne des sensations de relief, de couleur et d'atmosphère, mais dans ce qui donne la sensation de la ligne pure et déliée, c'est-à-dire dans les œuvres de sculpture, et expressément de la grecque ou de la gréco-romaine. Le peintre doit penser en marbre. Pour revivifier l'art en décadence du XVIIIe siècle et de l'Académie royale, il faut qu'un tableau ressemble du plus près possible à un défilé de statues. Comme elles sont sans couleur, il faut qu'il ne fasse pas montre de coloris et comme elles sont d'une matière polie, qu'il soit d'une facture insensible et glacée. A ce prix seulement, on ne courra plus le risque de « faire français. » Tel était le dogme enseigné partout, en l'an VIII, chez David et dans les ateliers rivaux, même chez Regnault, à un plus ou moins haut degré.

D'où procédait une aussi étrange aberration? nous demandons-nous aujourd'hui. Si nous feuilletons les historiens d'art, nous y trouvons cette réponse : d'un renouveau d'enthousiasme pour l'Antique. Mais elle ne résout pas le problème. L'enthousiasme pour l'Antique ne suffit nullement à expliquer des œuvres froides, incolores, compassées, comme celle de Gérard, de Guérin, de Fabre ou de Girodet-Trioson. Les Renaissants aussi, depuis Mantegna et Botticelli jusqu'à Michel-Ange, avaient été férus de l'Antique. Ils en eurent l'adoration et la folie, quand ils en virent les beaux monuments sortir de terre, pour la première fois, — et il n'y a aucun rapport entre leur art et celui des peintres de l'Empire, pas la plus lointaine analogie! Allez au Louvre, dans les deux salles où sont rassemblées les œuvres de ces derniers, la haute salle carrée dite des Sept cheminées et la petite salle voisine dite de Henri II : pas une fois vous ne songerez à ce que vous avez vu à la *Sixtine*, à l'*Académie* ou aux *Uffizi* ! Non, ce ne peut être l'enthousiasme, même aveugle, qui produit la froideur. L'ivresse en face de la beauté ne se résout pas en pensums. Ce n'est donc pas la passion de l'Antique, même ignorante, même désordonnée, qui a créé le morne académisme de l'Empire. Qu'est-ce donc?

C'est bien une passion violente, mais une autre, de l'espèce qui tue et non de celle qui vivifie. Toutes ces écoles aberrantes ne s'expliquent, — mais elles s'expliquent fort bien, — que par un besoin de réaction. Elles ne naissent nullement d'un enthousiasme : elles procèdent d'un dénigrement. C'est ce qui les frappe de stérilité. Les écoles antiquisantes du XVe et du XVIe siècle n'en étaient nullement frappées. C'est que l'élan des quattrocentistes dans l'art pictural et la statuaire même n'était mêlé d'aucun sentiment de réaction, ni de mépris envers les écoles qui les avaient précédés. La Renaissance n'était pas une réaction ; c'était un épanouissement. Ce qu'elle cherchait dans l'Antiquité, jaillissante de terre, c'était plus de science, d'exubérance et d'ivresse, et nullement un frein ou une machine de guerre contre un autre art, quel qu'il fût. Là, est l'antinomie profonde entre la Renaissance et l'Académisme français et la raison pourquoi tous les deux puisant à la même source : l'Antique, l'une en a tiré une humanité vivante et l'autre un décalque et un poncif, où plus rien ne subsiste de l'originaire beauté.

Comment, maintenant, cette esthétique étrange s'est-elle formée chez David? On dit, d'ordinaire, que c'est en consultant les maîtres italiens. Il est vrai que David l'a rapportée de son voyage en Italie, mais il n'était pas nécessaire qu'il la rapportât. On peut trouver en Italie des dieux fort divers, selon la foi qu'on y porte. Si David y eût porté des curiosités et des gourmandises de coloriste; si, au lieu d'être David, il eût été Gros, ou Géricault, ou Turner, ou Reynolds, il en eût rapporté autre chose que des statues couleur de rose, manœuvrant leurs bras comme le télégraphe de Chappe, ou faisant le grand écart. Mais David n'était pas un friand de la couleur. Le fût-il jusqu'à un certain point, les fadeurs des Nattier, des Van Loo, des Drouais l'en avaient dégoûté. Aussi, ce qu'il allait chercher en Italie, vers 1775, n'était-ce pas l'enseignement des maîtres, quels qu'ils fussent, mais expressément ce qu'ils lui fourniraient d'antidote au maniérisme et au douceâtre qu'il voyait triompher à Paris. Ce n'étaient pas les opulences de la forme et de la couleur : c'était la force et la sobriété. Il courut donc là où il a cru voir de puissants effets de valeurs, de forts contrastes d'ombre et de lumière, du rude, du franc, du heurté. Les Bolonais, dès son arrivée, et Valentin l'attirent d'abord. Il les copie avec ardeur; il prend avec eux un bain d'encre, de puissance et de rudesse picturales, qui le purifie des molles délices, des grâces roses et bleues de Boucher. Voilà sa première cure en Italie.

Mais ce n'est pas la seule. Quand il a bien oublié les blandices et les séductions de la couleur tendre avec les ténébreux de Bologne, voici qu'il s'évade de leurs ténèbres, il se débarbouille de leur crasse au contact des marbres grecs. Cette fois, il a trouvé mieux qu'un remède : un aliment. Voici la beauté pure, simple, grande, austère, qui peut régénérer l'Art français. Il fait alors une cure de simplicité, de mesure, de style et de grandeur parmi les Antiques de Rome. Il s'en nourrit exclusivement. Jusque-là, tout va bien. Nul ne perdit jamais son temps à goûter l'Antique. Mais, à ce moment décisif de son évolution, il lui arrive une lamentable aventure. Voulant vivre chez les Grecs, trompé sans doute par quelque chapiteau d'apparence dorique, il se trompe de porte. Il croit entrer chez Phidias : il tombe dans les bras de Winckelmann.

C'était un terrible homme que ce Winckelmann, mort depuis quelques années, mais présent et inspirant tous les pédants et les sentimentaux que la Germanie lançait alors sur Rome pour en faire une succursale de Weimar : Lessing, Heyne, Sulzer, Raphaël Mengs pour l'instant absent, mais fréquent, Gessner et bien d'autres. C'était le théoricien logique et imperturbable d'une idée fausse et en vogue: toutes conditions requises pour déraisonner sans que personne s'en aperçût, ou osât dire qu'il s'en apercevait. Son point de départ était celui-ci : la statuaire grecque est la plus belle du monde et nous donne les plus hautes émotions esthétiques. Or, voit-on autour de soi, dans la nature, des gens faits comme les statues grecques? Non. Donc la beauté n'est pas dans la nature, mais dans l'Art et dans l'Art grec. Imitons-le du plus près possible et nous produirons les impressions que les Grecs nous produisent.

« En convenant que l'étude de la nature est absolument indispensable aux artistes, dit

Winckelmann, il faut convenir aussi que cette étude conduit à la perfection par une route plus ennuyeuse, plus longue et plus difficile que l'étude de l'Antique. Les statues grecques offrent immédiatement aux yeux de l'artiste l'objet de nos recherches : *il y trouve réunis dans un foyer de lumière les différents rayons de beauté divisés et épars dans le vaste domaine de la nature.* » Et même l'Art grec n'offre-t-il pas quelque chose de plus, qui n'est, à aucun degré, dans la vie réelle? Ecoutons l'homme du Brandebourg : « Ceux qui sont en état de juger des productions des artistes grecs et qui cherchent à les imiter trouveront dans leurs chefs-d'œuvre, non seulement la nature choisie, mais quelque chose encore de plus beau et de plus sublime; ils y découvriront ce *beau idéal*, dont le modèle n'est pas visible dans la nature extérieure... «Voilà le grand mot lâché, le mot oublié aujourd'hui, mais qui égarera, pendant la fin du XVIIIe siècle et toute la première moitié au moins du XIXe, les esprits dupes des formules exclusives et arbitraires, comme les ont bernés depuis les mots de « réalisme, » de « primitif » ou de « sincérité. »

Une fois qu'on l'a trouvé, ce « beau idéal, » pierre philosophai et terme définitif de toute recherche, comme M. Ingres l'avouait sans détour, la raison commande de tout y ramener. Et, d'abord, les figures qu'on peint. Winckelmann n'a pas assez de sarcasmes pour tel artiste de son temps, qui avait donné à une Vénus une « physionomie française, » et pour toutes ces figures de nos maîtres du XVIIIe, affligées d'un si évident caractère de race, qu' « on peut, sans être fort habile, reconnaître, pour chacune d'elles, la patrie de l'artiste qui l'aura faite. » Nous saisissons, là, dès sa racine, l'étrange axiome de David. Son reproche à

Couder, trente ans plus tard, de *faire français*, n'était que l'écho du même Winckelmann. Celui qui a rompu la tradition française de notre délicieux XVIIIe siècle, ce n'est pas un Grec, c'est un Allemand.

Aussi, ne faut-il point se borner à dire que le trait distinctif de l'académisme est le goût de l'Antique, quand c'est plus précisément le goût de la statuaire. L'Antiquité n'est point par elle-même dépourvue d'animation et de couleur. Ce n'est point parce qu'on prend ses sujets dans le Lalium ou en Grèce, ou dans la Fable, qu'on se voue au gris, au terne et au glacé. Rubens ou Titien traitant des sujets antiques, ou Jordaëns des mythologiques, Vélazquez les abordant par hasard, n'ont rien de commun avec David ou M. Ingres, ou Girodet, Gérard, Fabre ou Guérin. Mais il est bien vrai que, si l'on veut décalquer sur la toile des marbres antiques, en en conservant soigneusement tous les effets linéaires, et en s'interdisant ceux de la couleur, on aboutit presque inévitablement à cet art froid et faux. Dès lors, plus on avance dans cette voie, plus on se perd, plus on cherche à être exact dans l'imitation des Grecs, plus on est froid et embarrassé. Est-il besoin de dire pourquoi? Cela saute aux yeux. S'inspirer d'une œuvre d'art, si parfaite qu'elle soit, c'est s'inspirer d'une interprétation. Tandis que l'œuvre d'art parfaite s'est inspirée de la nature. Cela fait quelque différence et même toute la différence. Nul besoin de chercher plus loin. Quelques érudits pourtant ont trouvé autre chose. Contraints d'éprouver, comme tout le monde, le mortel ennui qui se dégage du *Léonidas* ou des *Sabines*, ne se sont-ils pas avisés de cette raison: si cette image de la vie antique est froide et manquée, c'est qu'elle est remplie de fautes archéologiques et que David n'avait pas la connaissance profonde, mais seulement la « fantaisie de l'Antique. » Oh ! les plaisants pédagogues ! Où ont-ils vu que l'anachronisme détruisit la saveur et la vie ? Les figurations de scènes antiques ou mythologiques chez les Renaissants sont remplies d'anachronismes, et quoi de plus vivant ? La Renaissance, elle aussi, s'est enthousiasmée pour les chefs-d'œuvre antiques et a cherché à faire entrer le peuple des statues nouvellement déterrées dans ses figurations, mais sans rien proscrire de ce qui en était, déjà, la clientèle habituelle. De là, ces archaïsmes et ces anachronismes si savoureux, qui sont la vie même. Ils n'en sont pas une condition nécessaire. Mais le fait est là : du jour où l'anachronisme disparaît de ces visions antiques, la vie a disparu.

Le présent nous aide à comprendre le passé. De nos jours, l'idée dominante dans l'art et dans la critique est qu'il n'est pas de forme de la vie courante, non pas même de formes artificielles, c'est-à-dire dépendantes du bon et du mauvais goût des ingénieurs et des mécaniciens, qui ne soient d'admirables sujets d'art, même pour la statuaire, et des sources d'émotions esthétiques, — tout résidant uniquement dans le sentiment qui les anime et les interprète, ou dans la sensibilité qui les perçoit. L'habit noir, le cube d'une usine, le capot d'un automobile, le fuselage d'un avion, recèlent autant de beauté que la simarre de Titien, la cathédrale d'Amiens, le cheval de Phidias ou l'aile de l'oiseau, et doivent être représentés de préférence, parce qu'ils sont plus significatifs de notre vie actuelle et parce que l'artiste, les ayant sous les yeux, doit mieux en pénétrer le sens. Cette thèse *a priori*, que rien ne démontre, a embarqué des talents sans nombre dans des entreprises sans espoir, où ils ont piteusement échoué. Toutefois, telle est la force de la théorie pure, sur les esprits incapables d'observation directe, que celle-là traîne encore dans les livres et dans l'enseignement, en dépit de l'expérience mille fois renouvelée.

L'expérience montre que si tout dans la nature répond bien, en effet, à notre sentiment du rythme des formes et de l'harmonie des couleurs, il n'en est plus nécessairement de même dans les choses sorties de la main de l'homme. Ce qui est artificiel peut être beau ou laid, favorable ou rebelle à l'émotion. Mais s'il n'est pas vrai que tout spectacle, ou tout costume, ou tout accessoire contemporain, contienne une secrète beauté que l'Art puisse dégager, il n'est pas moins évident qu'il en est, et beaucoup, qui deviennent d'admirables thèmes pour qui sait s'en servir. Or, dans les ateliers et parmi les esthéticiens du Consulat, une théorie régnait, aussi impérative et aussi absurde, quoique diamétralement opposée, qui reposait, comme la théorie réaliste, sur un *a priori* entièrement faux : c'est que, seules, les formes reproduites par les Grecs : vêtements, armes, meubles même, étaient dignes de l'Art et que les aspects de la vie contemporaine ne les reproduisant pas, l'Art devait les proscrire impitoyablement. Les malheureux comme Watteau, Boucher, La Tour, Chardin, Greuze ou Fragonard qui s'y étaient voués avec délices étaient criblés de quolibets. « Rococo ! Pompadour ! » criaient les « fauves » de ce temps-là devant les fêtes galantes ou les intérieurs bourgeois de ces délicieux artistes. Pour eux, sous peine d'être « rococo, » c'est-à-dire démodé, défense de figurer les faits récents avec les figures et les costumes des contemporains.

A cette première proscription s'ajoutaient plusieurs autres, dérivées du même principe et touchant la composition, l'éclairage, le dessin, la couleur et la facture. Il fallait que tout cela fût l'antithèse directe des maîtres du XVIIIe siècle et, par la même occasion, sans que précisément on le proclamât, des maîtres de la Renaissance, — à plus forte raison de l'Espagne et de la Hollande. On faisait table rase. On reprenait l'art de la peinture au point où l'on croyait que les Grecs l'avaient laissé. Regardons quelqu'une des œuvres académiques de l'époque davidienne au Louvre, dans la petite salle Henri II et, à côté, dans la haute salle des sept cheminées, rapprochons-la d'une de ces œuvres du XVIIIe siècle, que nous voyons tout auprès dans la salle Lacaze et nous sentirons qu'en effet, un monde enchanté a disparu.

D'abord, la composition. Les maîtres du XVIIIe siècle groupaient. La composition chez eux est parfois surchargée, enchevêtrée, très mouvementée, çà et là, un peu maniérée. Les figures de Greuze sont en grappes : c'est parfois voulu, comme dans *le Départ chez la nourrice*, où, manifestement, les acteurs de cette paysannerie attendrissante s'entassent pour le plaisir d'une confusion et d'un grouillement pittoresques. David arrive et sépare brutalement tout ce monde : chaque figure est appliquée, une à une, sur le fond, écartelée en espalier, non seulement nue, mais en un décor nu, comme sur un vase grec. Il n'a pas pu le faire tout à fait dans *les Horaces* et le *Brutus*, mais il y arrive dans *les Sabines* et la plupart des œuvres qui les ont suivies. La scène se développe donc tout entière en largeur, jamais en profondeur. C'est une procession gesticulante, tout se passant sur un seul plan, comme dans un bas-relief. Les figures principales sont mises au premier plan et au milieu, les autres s'échelonnent des deux côtés en s'éloignant et en tournant dans le cadre : c'est de la peinture *convexe*, au rebours de cette peinture *concave* qu'on voit chez Rembrandt, selon le mot de Fromentin. On arrive, de la sorte, à produire à peu près l'effet que produisent les figures échelonnées sur la panse d'un vase antique.

Chaque figure ainsi plantée à part, sans aucun rapport avec les autres qu'un rapport idéologique, est traitée comme une statue. David avait vu cela dans quelques peintures d'Herculanum et de Pompéi; il avait cru le discerner à traversées descriptions de Pausanias, dans les tableaux disparus de Polygnote ; le Pérugin, enfin, lui avait semblé avoir sur ce point réalisé l'ordonnance idéale. Après son voyage en Italie, il a donc tendu de plus en plus à s'en rapprocher.

Les figures étant ainsi distribuées et posées, comment les dessiner? Évidemment selon le canon grec, c'est-à-dire en les ramenant toutes, de gré ou de force, au type adopté par la statuaire. Winckelmann ayant dit : « On remarque, dans les statues des dieux et des déesses, que le front et le nez sont presque entièrement formés par la même ligne, » peu à peu toutes les figures de Guérin, Gérard, Girodet, y compris les soldats de l'armée d'Italie et d'Egypte, furent tenus d'avoir le nez à l'alignement du front. Pour conserver à ce type toute sa pureté, il fallait se garder de suivre de près le modèle, forcément individualisé, si beau fût-il. « Et quand l'artiste pourrait puiser dans la nature toutes les autres parties, elle ne pourra jamais lui donner ce contour pur, gracieux et correct qui forme la véritable *ligne de beauté* et qu'on ne trouve que dans les statues grecques, » avait dit Winckelmann. Donc, pas de caractères individuels, rien que des figures impersonnelles. Tel est le mot d'ordre. David l'enfreint un peu et triche légèrement quelquefois : il introduit Mme de Bellegarde dans *les Sabines* (la femme brune à genoux, qui montre aux combattants le groupe des enfants) et un de ses élèves dans le *Léonidas*, immédiatement reconnaissable pour son expression particulière. Mais ces légères fantaisies du maître ne modifient en rien le caractère général de l'œuvre et ses élèves ne se les permettent même pas.

Comment tout cela peut-il s'accorder avec les nécessités du portrait? Cela ne s'accorde pas. David le sentait bien et, en face d'un modèle à rendre, surtout d'une figure très caractérisée, étant, d'ailleurs, sensible à toutes les suggestions pittoresques, il oubliait franchement ses principes. Ou plutôt, il en avait de rechange, ayant obscurément conscience que les premiers, bons pour le grand art, ne pouvaient être appliqués dans l'art inférieur du portrait. C'est pourquoi, comme toute son époque, il mettait une cloison étanche entre le *tableau d'histoire*, le grand art grec, nu, impersonnel, sans couleur, destiné à célébrer les héros ou les dieux, et le portrait ou bien la scène de mœurs contemporaines. La démarcation une fois bien établie, l'artiste est à son aise. Le portrait, c'est l'œuvre servile, c'est le gagne-pain auquel on se résout par nécessité, en se réservant d'exprimer son idéal ailleurs et en maudissant le sort qui oblige à y prostituer son talent. Nul des artistes de cette école ne se doute de ceci : seuls, ses portraits sauveront son nom et la tâche méprisée, qui lui donne le pain quotidien, lui assurera aussi une vie future dans la mémoire des hommes.

Voici la composition décidée et le type des personnages choisi. Quelles seront maintenant leurs attitudes? Naturellement celles qui rappelleront le mieux les marbres grecs. Pour cela, David recommande à ses élèves de modeler d'abord leurs figures en terre : « il avait à cœur de former des statuaires dans son école, » dit Delécluze. M. Ingres n'était donc plus tard que son écho, à peine amplifié, quand il disait : « Nous ne procédons pas matériellement comme les sculpteurs, mais *nous devons faire de la peinture sculpturale.* » C'est l'ambition, à cette époque, de tous les ateliers. Pas un instant, on ne songe que le statuaire antique, si grand qu'il soit, a visé des effets plastiques et non picturaux, et que, même dans la plastique, il a dû s'en tenir aux mouvements qu'exprime le mieux la statuaire, à ceux qui se profilent bien de tous les côtés et qui s'expliquent tout seuls sans une ambiance de figures ou de choses complices ou hostiles.

L'Ecole fait complète abstraction des vertus propres à la peinture. Elle oublie tout ce qu'elle peut rendre de transitoire, d'éphémère, d'impalpable, de nuancé. Winckelmann écrit froidement : « La véritable grandeur a un degré de permanence et de consistance qu'on ne peut trouver dans les émotions passagères et momentanées des passions volontaires. » Et David, fidèle écho, déclare : « Je veux essayer de mettre de côté ces expressions de théâtre auxquelles les modernes ont donné le nom de « peinture d'expression. » J'aurai de la peine à faire adopter de semblables idées dans notre temps. On aime les coups de théâtre et quand on ne peint pas des passions violentes, quand on ne pousse pas l'expression en peinture jusqu'à la grimace, on risque de n'être ni compris ni goûté. » Il s'y risque pour sa part et applique à toutes ses figures un masque béat, tout à fait neutre, ou bien une expression stéréotypée : douleur, surprise, colère, joie, fournie par l'Antique. Le corps tout entier est campé selon cette norme. Les gestes ne sont pas choisis pour leur vérité ou leur efficacité, ni même pour la révélation qu'ils font de la machine humaine, encore moins pour leur nouveauté mimique : ils sont choisis un peu pour leur signification dramatique, comme dans le *Socrate* ou le *Bélisaire*, mais surtout pour leur équilibre harmonieux, comme dans le *Romulus* des *Sabines*. On en vient à ne plus guère chercher que des arabesques de bras et de jambes développées dans l'espace irréel, uniquement selon une idée qu'on a de leur beauté. Ce sont des machines qui fonctionnent à vide.

Ainsi groupées, posées et dessinées, comment les figures seront-elles éclairées? De façon à accuser le plus nettement possible leur perfection linéaire. Donc, pas de ces clairs-obscurs où se noie une partie du dessin: tout sera visible, tout défini, tout profilé sur fond neutre, avec juste assez d'ombre pour « faire tourner » les bras, les cuisses, les torses des héros. On s'est donné trop de peine pour tracer cette fameuse « ligne de beauté », voulue par Winckelmann, il ne faut pas que rien s'en perde dans l'ombre. C'est le rhéteur qui a fait une belle phrase et veut la placer, coûte que coûte, parce qu'il ne sait pas s'il la retrouvera. David n'en était pas à une ligne près, mais ses disciples, moins riches que lui et moins sûrs de leur beau contour, tenaient à le montrer quand ils l'estimaient réussi. » — « Toujours dans l'idée de rendre le beau, dit Delécluze, Maurice Quaï prescrivait de faire des ombres claires, afin que la transition trop brusque de la lumière à l'ombre ne détruisit pas l'harmonie des formes, comme ne manquaient pas de le faire, ajoutait-il, ces cochons d'Italiens ! » M. Ingres, il est vrai, professait autre chose. Il préconisait « les ombres fortes et bouchées. » Mais le but était le même : accuser le contour, et le résultat toujours le même : ne pas faire moduler les ombres. Son mot étonnant : « *Les reflets étroits dans l'ombre sont indignes de la majesté de l'Art*! » ne nous laisse aucun doute sur ce point.

Nous touchons, ici, à la partie la plus spécifique de la peinture, à ce qui, plus que toute autre chose, différencie une œuvre d'une autre, à son élément nutritif pour ainsi dire : la couleur. Quel était l'idéal du coloris pour David et son école? Il faut le bien définir, pour mesurer la distance qui les sépare à la fois des maîtres du XVIIIe siècle, comme Watteau et Fragonard, et des modernes, romantiques, réalistes ou impressionnistes. On y verra, du même coup, à quel point les mots « peinture de l'avenir, » « avancée, » « rétrograde, » sont dépourvus de signification.

Lorsque, vers 1874-1877, les impressionnistes s'essayèrent à des harmonies, où les couleurs du spectre, très vives, étaient posées hardiment les unes à côté des autres, sans être fondues ni sur la palette, avant de peindre, par des mélanges, ni sur la toile par des glacis, et où chaque coup de brosse attirait l'attention sur la facture très apparente, ils présentèrent ces errements comme des nouveautés et les jeunes gens les acceptèrent pour telles. C'était des nouveautés, si l'on veut, en 1874, mais en 1805, les jeunes gens les auraient considérées comme des vieilleries et fort démodées. « Rococo ! » aurait crié la jeunesse au nez de MM. Claude Monet, Renoir, Sisley et Pissarro. Pourquoi ? Parce que, dans le choix des couleurs, et dans l'étalage de la facture, les impressionnistes revenaient à des procédés du XVIIIe siècle. Ce n'est pas très apparent aux yeux du public, ni de la critique, parce que le public et la critique même sont distraits par le sujet, le sens idéologique de l'œuvre et par le dessin des formes. Et sur ce point, les impressionnistes n'ont aucun rapport avec les auteurs des fêtes galantes. Mais, dans l'essentiel de leur technique pigmentaire, ils s'y rattachent nettement. Les complications chromiques, les diaprures de tons modulant sans cesse, les larges effets de brosse sont, déjà, très sensibles chez Fragonard. Les accents vifs abondent chez La Tour et Perronneau. Une des prétendues découvertes de l'Impressionnisme consistait, on le sait, à tenir les ombres pour des couleurs très vives. Les maîtres du XVIIIe siècle n'en étaient pas éloignés. Comme Vélazquez, comme tous les vrais coloristes, ils se gardaient bien d'empâter les ombres ; ils n'empâtaient que les lumières.

L'Impressionnisme reprenait donc, sur ce point, la tradition brisée par David et M. Ingres.

Une autre découverte, en 1874, était que les couleurs vibraient davantage lorsqu'elles étaient juxtaposées, une à une, pures, morcelant un ton à l'infini et faisant apparaître sur la surface d'un même objet comme un écheveau de laines multicolores. Il suffit de regarder les portraits et certaines pochades de Fragonard, même parfois des tableaux entiers, comme la petite *Fête de Saint-Cloud*, pour voir que, dans ce qu'elle a de fécond, la technique divisionniste y est déjà pratiquée, — non pas d'un bout à l'autre de la toile, mais dans ses parties les plus apparentes et les plus vivantes. Eclat des ombres, division des tons, travail apparent de la brosse, partant vibration lumineuse, et savoureuse matière : tels étaient les caractères de mainte œuvre française au XVIIIe siècle. Celles qu'on voit au Louvre, salle Lacaze, en témoignent clairement.

Arrivent David et son école : à bas ces modes surannées, ces grâces ridicules I C'était bon pour des gens en jabot et en catogan, des friandises pour vieillards frivoles, des voluptés indignes de la jeune génération, virile et consciente de la grande mission de l'Art. « Pas d'outremer, pas de vert vif. Du noir et du blanc pour faire du bleu, du noir et du jaune pour faire du vert, de l'ocre rouge et du noir pour faire du violet, » dit Delacroix, qui les a bien connus. Et M. Ingres, qu'il faut toujours citer, d'abord parce qu'il fut l'élève le plus fidèle de David, ensuite parce que, exagérant son enseignement, il lui donne ce trait caricatural qui souligne l'aberration, fixe ainsi les lois de l'école : « *Point de couleur trop ardente : c'est antihistorique. Tombez plutôt dans le gris que dans l'ardent*! »

Pour peindre la figure humaine, voici donc la recette : chercher une couleur spécifique, une teinte de chair, plus rosée pour les femmes, plus bronzée pour les hommes et, une fois cette teinte trouvée, qu'on appelle le « ton local, » en enduire tout le personnage, d'un bout à l'autre, en se permettant seulement quelques demi-teintes pour « faire tourner. » Ne nous y trompons pas. Ce procédé fut salué en son temps comme un très grand progrès sur la peinture des Chardin et des La Tour et acclamé comme l'Art de l'avenir. Longtemps après, en 1867, M. Delaborde, parlant de M. Ingres, loue encore le maître de cette nouveauté. « Il n'est pas coloriste à l'exemple des Vénitiens qui, comme Paul Véronèse, réussissent à déduire l'harmonie de la multiplicité même et de l'éclat des tons employés... L'Art du maître *moderne* consiste plutôt dans la franchise avec laquelle il reproduit l'unité caractéristique de la teinte répandue sur chaque objet, ce que dans le vocabulaire des ateliers, on nomme « *la teinte locale,* » *c'est-à-dire cette couleur générale qui, au premier aspect, enveloppe et absorbe les nuances diverses d'un visage, d'une draperie, d'une figure même tout entière. Point de ces touches juxtaposées conformément à une assez mauvaise tradition française : point de ces échantillons de tons se succédant comme les pièces de rapport d'une mosaïque et morcelant si bien l'ensemble d'un corps que celui-ci semble n'avoir qu'une vie multiple et, pour ainsi dire, anarchique…* Partout il adoptera pour le coloris de chaque objet une gamme presque monochrome, diversifiée seulement en soi par des demi-tons… » Voilà bien exactement les pratiques de l'impressionnisme dénoncées comme surannées et heureusement remplacées par celles de l'école de David.

Quant à la facture, elle procède aussi comme tout le reste d'une idée de réaction et d'une idée d'imitation : réaction contre le faire vif et apparent du XVIIIe siècle, imitation des marbres grecs. Il faut arriver à donner, dans une figure peinte, la sensation du galbe et du poli d'une statue antique, en reproduisant l'homogénéité absolue du marbre. Pour cela, on s'applique à dissimuler le plus possible le travail de la brosse. Avec le plus grand soin, on évite tout accent, tout empâtement, même tout relief qui pourraient accrocher la lumière. Pour être « moderne » en 1800 et trouver grâce devant la «critique d'avant-garde, » il faut un faire mince, lisse et poncé. « La beauté du coloris, avait dit Winckelmann, consiste en une exécution finie et soignée. » En conséquence de quoi, l'éloge le plus ému qu'il trouve à faire d'une peinture de maître est de la comparer à de la « *véritable porcelaine.* » Il est tellement impénétrable aux jouissances de la couleur, qu'il en vient à écrire ceci : « Tiepolo exécute plus en un jour que Mengs dans toute une semaine. Mais on a oublié les ouvrages du premier, aussitôt qu'on les a perdus de vue, tandis que les chefs-d'œuvre de Mengs font une impression aussi profonde que durable. » Et M.

Ingres, plus tard, mettant en aphorismes les enthousiasmes de sa jeunesse et de toute la jeunesse en 1805, disait : « Ce qu'on appelle la *touche* est un abus de l'exécution. Elle n'est que la qualité des faux talents, des faux artistes, qui s'éloignent de l'imitation de la nature pour montrer simplement leur adresse. *La touche, si habile qu'elle soit, ne doit pas être apparente.* » Condamnation sans appel de Franz Hals, de Rembrandt, de Rubens, parfois de Véronèse. Ainsi donc, une teinte uniforme pour chaque figure ou objet, afin que l'attention ne soit pas distraite des perfections du dessin et une facture uniforme, afin d'éviter tout ce qui accroche la lumière et la fait vibrer, tel est « l'Art de l'avenir » au temps de David, de Fabre, de Gros, de Guérin, de Gérard et de Girodet.

En pratique, voici comme ils opéraient. Ils dessinaient avec soin toutes leurs figures entièrement nues, même celles qui devaient être vêtues, puis ils ébauchaient à la terre de Cassel. Pendant cette première partie de leur tâche, ils s'inquiétaient sans doute du rapport linéaire des figures entre elles et en composaient un ensemble qu'ils jugeaient harmonieux. Mais une fois le dessin fixé, ils oubliaient totalement l'ensemble: ils peignaient chaque morceau l'un après l'autre, sans se préoccuper du voisin et le poussaient jusqu'à son dernier fini, avant de passer au suivant. Le tout se raccordait comme il pouvait. Si les accords ainsi plaqués, chacun à part, étaient rigoureusement justes, une certaine harmonie pouvait s'en suivre, mais aucune pénétration ni inter-changement de couleurs du de reflets, nulle atmosphère. Quand l'artiste ne voyait plus de blanc sur sa toile, il s'apercevait que son tableau était fini. Il n'est guère possible d'imaginer une méthode plus fatale à la savoureuse couleur et à la belle matière. Et cette méthode, sauf chez Prud'hon, régnait partout.

Nous voyons maintenant quels principes absolus et universels dominaient l'Art quand Napoléon prit le pouvoir. Or, ces principes sont bien applicables à n'importe quel sujet, mais on le conçoit sans peine: nés d'observations faites sur la statuaire antique, ils ne s'appliquent avec toute leur rigueur et ne développent toutes leurs conséquences que dans les sujets tirés de l'Histoire antique ou de la mythologie, ou tout au moins comportant des figures nues et impersonnelles. Là, seulement, on peut attribuer un seul ton local, la « couleur chair, » à toute une figure, et ainsi éviter entièrement toute « mosaïque de couleurs; » là, seulement, on peut ramener toutes les figures au canon grec. Si, au contraire, de par son sujet, l'artiste est tenu d'habiller ses académies et de leur donner des costumes de couleurs définies, riches et contrastées; si, pour obtenir des ressemblances, il est contraint de varier la carnation et la construction de ses visages, il faudra, malgré lui, qu'il déroge aux principes du *beau idéal* et du *ton local*. Une fois la dérogation admise, le sens du pittoresque l'entraînera peut-être plus loin qu'il n'aura voulu... Pour peu qu'il ait des dons de coloriste, il sera tenté de les mettre en œuvre. La facture même changera.

Mais qui le contraindra? D'où viendra l'élan qui le libérera de la théorie et le rendra, un instant, à lui-même? Pas un artiste de l'an VIII ne soupçonne que les figures et les gestes de ses contemporains puissent être des sujets de grand Art. Pas un ne songe que ce furent des pages d'actualité, — ce que nous appellerions aujourd'hui du « grand reportage, » — que la *Messe de Bolsène* de Raphaël, les *Lances* de Vélazquez, ou la Ronde de Rembrandt. Ils veulent, à toute force, faire des « tableaux d'histoire » et pour eux, il n'est d'histoire que du lointain passé. Ils croient avoir la « tête épique » et il n'est d'épopée que des Grecs. Ils feuillètent donc fiévreusement leur Plutarque, pour y trouver des figures dignes de la peinture: des Caton, des Régulus, des Thémistocle. Et pendant qu'ils se livrent à cette recherche, ils ne voient pas ce qui passe devant eux. Ils cherchent partout Talius, Romulus, Léonidas, Agamemnon, alors qu'il leur suffirait de ne pas fermer les yeux pour voir Murât, Lassalle, Ney, Lannes, Napoléon. De même, ces gens qui traversent les plus beaux pays du monde sans ôter le nez de leur guide. Pourtant, ils les pourraient comprendre et décrire et faire admirer. Le livre arraché de leurs mains, leurs yeux reportés sur la nature et la vie ambiante, ils diraient peut-être très bien ce qu'ils ont vu. Encore faut-il qu'on le leur arrache...

II

Napoléon le leur a arraché. Il leur a dit : « Assez d'antique. Les héros de ce temps sont bons à peindre. Voilà votre thème d'art. » C'était une grande nouveauté. Assurément, une telle idée pouvait venir à d'autres et elle leur était venue, en effet. Dès 1796, Bénézech, le ministre, avait dit aux artistes : « Les sujets que vous preniez dans l'histoire des peuples anciens se sont multipliés autour de nous. Ayez un orgueil, un caractère national, peignez notre héroïsme; que les générations qui nous succéderont ne puissent vous reprocher de n'avoir pas paru Français dans l'époque la plus remarquable de notre histoire. » Mais là, comme ailleurs, la Révolution par la des choses et Napoléon les fit. Dès la campagne d'Italie, il avait posé, ou passé, plutôt, en coup de vent, devant Gros, et il en était résulté ce *Bonaparte au pont d'Arcole* tenant un drapeau, aujourd'hui au Louvre, qui témoigne d'un bel emportement pittoresque; puis un *Napoléon à cheval donnant une arme à un grenadier*. On entrait dans une voie nouvelle.

On ne devait pas la quitter de longtemps. A peine au pouvoir, Bonaparte ordonnait un concours entre artistes pour commémorer la bataille de Nazareth, ou du Mont-Thabor, épreuve qui ne fut suivie d'aucune commande officielle, mais qui excita la verve des peintres sur un thème tout nouveau : un sujet d'actualité avec des visages et des costumes contemporains. Puis, aussitôt après et en compensation de ce projet abandonné, il voulut que Gros peignit *les Pestiférés de Jaffa*. Ils parurent au Salon de 1804. Voici comment le livret, mentionne cet envoi : « Bonaparte, général en chef de l'armée d'Orient, au moment où il touche une tumeur pestilentielle, en visitant l'hôpital de Jaffa. » Et une longue notice explique le sujet. Il est impossible de rompre plus nettement avec les données de l'École. Le thème est non seulement un fait contemporain, mais une humanité misérable dans toute sorte d'attitudes que l'art antique n'a pas prévues. Et c'est bien par autorité supérieure que s'opère cette révolution esthétique. Elle va se poursuivre pendant les plus belles années de l'Empire. Dès les premières cérémonies qui en marquent la fondation, Napoléon commande à David quatre grandes compositions destinées à les commémorer : *le Sacre de l'Empereur et le couronnement de l'Impératrice,* — *l'Intronisation de Leurs Majestés à Notre-Dame,* — *la Distribution des Aigles au Champ de Mars,* — *l'Arrivée de l'Empereur et de l'Impératrice à l'Hôtel de Ville*. Deux seulement de ces projets furent réalisés : *le Sacre* et *les Aigles*, mais un troisième, *l'Arrivée*, fut esquissé avec une précision telle qu'on y voit fort bien David aux prises avec ce que nous appellerions aujourd'hui du « grand reportage. » David n'est pas le seul maître mobilisé pour cette tâche. A Girodet, Napoléon, après avoir commandé un *Ossian* pour La Malmaison, essai malheureux qu'il refuse, demande un tableau d'histoire récente, *la Révolte du Caire*, qui paraîtra au Salon de 1808. Et à Gros, de nouveau, au débotté de la première campagne de Russie, il dicte la célèbre page funèbre et glorieuse, *le Champ de bataille d'Eylau*, exposé au Salon de 1808, le 14 octobre, deuxième anniversaire d'Iéna.

Enfin, lorsqu'il institue un « prix décennal » de la peinture, sorte de récompense nationale destinée à l'auteur du meilleur tableau peint pendant les dix années précédentes, il décide qu'à côté des « tableaux d'histoire, » c'est-à-dire des compositions académiques imposées par l'opinion et qu'il n'ose point, malgré tout son pouvoir, proscrire, il y aura aussi des tableaux représentant « un sujet honorable pour le caractère national, » c'est-à-dire, en bon français, ses victoires. A la suite de cette décision, onze œuvres de chaque catégorie sont présentées au concours de 1810. Or, quand on compare dans les deux groupes, celles qui ont été voulues par l'esthétique régnante et celles qui y ont échappé par ordre de l'Empereur, il n'y a aucun doute que cet ordre fut bienfaisant, puisqu'il nous valut *le Sacre* de David, *l'Eylau*, *le Jaffa* et *l'Aboukir* de Gros, tandis que, dans le groupe des tableaux d'histoire, on ne trouve de vivant que *la Justice et la Vengeance divines* de Prud'hon, commande officielle, aussi, d'ailleurs, mais due au seul artiste du temps qui savait, sans le secours de personne, rester fidèle aux traditions du XVIIIe siècle et résister au formidable entraînement de Winckelmann.

Le hasard fait que la plupart de ces œuvres capitales sont réunies, aujourd'hui, comme elles l'étaient, en 1810, pour ce concours et que nous les pouvons comparer à loisir dans les deux salles du Louvre contiguës, dont il a été déjà question : la salle Henri II et la salle des sept cheminées. Retournons-les voir, comme nous les verrions pour la première fois, comme un ignorant les peut découvrir et juger. Tout de suite, nous éprouverons qu'il y a, ici, juxtaposés, des êtres de races toutes différentes : d'un côté des figures froides, compassées, impersonnelles, qui ne nous diront rien, parce qu'elles n'ont rien à dire; de l'autre, des gens qui ont l'air d'avoir existé, d'avoir agi, d'avoir fait partie intégrante de l'humanité, dans un moment de l'histoire et sur un point de l'espace. Ceux-ci ont été voulus par l'Empereur. Nous n'assistons nullement à l'apothéose du militarisme. Nous voyons bien un héros, mais que fait-il ? Il secourt les malades, il couronne une femme, il déplore les horreurs de la guerre. Les trois gestes sont des gestes de sensibilité délicate et de grandeur. Les actions violentes et excessives, ici, appartiennent à la race des statues, non à celle des hommes. Mais surtout ce qui les distingue l'une de l'autre, c'est la vérité des mouvements, c'est la puissance des tons, c'est la densité de la matière. Or, ces œuvres si dissemblables sont des mêmes artistes et à leur même période. Mais le sujet en est différent et la facture suit le sujet.

En désignant ces thèmes, l'Empereur a donc dicté une évolution esthétique. Sans le vouloir, sans même le savoir, il y a obligé ses peintres. Malgré toute la rigueur des principes qu'il enseignait dans ses ateliers, David ne pouvait dévêtir jusqu'à la nudité, comme Romulus et Tatius, le Pape et les autres personnages du *Couronnement* : première infraction aux lois du beau idéal. Tout au plus peut-on deviner, çà et là, que l'armature académique, discernable dans l'ébauche du *Jeu de Paume*, soutient ici encore les figures. Ensuite, malgré les lois du beau idéal, il fallait bien que tous ces soldats, ces prêtres et ces politiques fussent reconnaissables, donc ressemblants, c'est-à-dire différenciés par leurs particularités les plus individuelles: d'où, nécessité de *faire français*, — ou italien, ou allemand, ou turc, — mais non plus grec antique impersonnel, seconde dérogation au principe. Toujours pour la même raison, il fallait parer leurs costumes des couleurs qu'on y avait vues, lesquelles se trouvaient être fort brillantes et contrastées : impossible de leur infliger une couleur terne comme plus « historique. » De là, pour David, nécessité de transformer, sinon sa palette qui est restée la même, du moins l'emploi qu'il en faisait, par un jeu plus compliqué des tons et d'aboutir à de plus riches harmonies.

Enfin, on ne pouvait songer à faire défiler les figures du *Sacre*, une à une, comme sur un vase étrusque : des groupes pour la vraisemblance, s'imposaient. Et l'ordonnance protocolaire de ces groupes obligeait le peintre à mettre, pour la première fois, ses figures principales et les plus vigoureusement éclairées au second plan, à creuser par conséquent sa composition et à en faire une peinture concave, tandis qu'il les avait toujours faites, jusque-là, non seulement planes, mais convexes. Il suffit de se retourner vers le *Léonidas*, et mieux encore, de regarder, dans la salle voisine, *les Sabines*, pour éprouver l'antithèse. Là-bas, les figures principales sont campées au milieu du tableau et au bord du cadre, comme sculptées, en haut-relief, — les autres s'enfoncent peu à peu dans les deux côtés qui fuient et tournent. La composition bombe toujours. Dans le Sacre, pour la première fois, elle creuse.

Elle creuse encore dans les *Aigles*, qui sont à Versailles. Elle eût creusé davantage encore dans l'*Arrivée* de l'Empereur et de l'Impératrice à l'Hôtel de Ville, si elle avait été exécutée, car l'esquisse très mouvementée de David nous montre des groupes populaires au premier plan et une des figures principales, l'impératrice Joséphine, qui est debout sur le marchepied de son carrosse, tout au fond du tableau. Enfin on n'a qu'à comparer les gestes dans le *Léonidas, les Sabines*, le *Bélisaire*, le *Socrate*, d'une part, et dans le *Sacre*, de l'autre, pour saisir combien le protocole a ramené l'art au sens commun et au naturel.

Le protocole! David maugréa contre lui, tout le temps qu'il fit ce tableau. Bénissons-le au contraire! C'est lui qui nous a sauvés de cet arbitraire bien autrement redoutable et de cet artifice infiniment plus intoxiquant : l'esthétique et la mode. La contre-épreuve est facile à faire : du Sacre, retournons-nous, de nouveau, vers le *Léonidas* : voilà ce qu'a fait le protocole ; et voici ce qu'a fait la liberté ! La liberté n'est qu'un mot. L'artiste dominé par un système n'est plus libre, l'eût-il librement choisi ou construit à sa guise. A plus forte raison, quand ce système a été construit par des pédants, hors de son pays, hors de son temps, hors de ses sensibilités. Pour y satisfaire et y ajuster sa vision, il faut qu'il refrène ses instincts divergents, ses admirations intempestives, tous les mouvements spontanés de son être émotif aux suggestions infiniment complexes de la nature. Il s'enferme, là-dedans, comme dans un blockhaus ; il ne verra plus rien du monde- extérieur que ce qu'il voudra voir,

— ce qu'on peut encore en distinguer par une mince fente pratiquée dans le mur. Il ne communiquera plus avec lui que par signaux conventionnels. Celui qui vient, qui brise les parois, qui remet l'artiste en face de la vie avec injonction de la regarder et de la peindre, attente-t-il à sa liberté ou la lui rend-il ? En tout cas, et quelque réponse qu'on fasse à cette question, un fait est indéniable : l'Art, à l'époque de David, fut remis dans sa voie naturelle par un despote, quand la libre discussion des ateliers le dévoyait.

Voilà les conséquences indirectes et inconscientes qu'eut sur l'art de David la volonté impériale, mais elle en eut encore d'autres, de directes et de volontaires, en s'exerçant sur le détail des œuvres commandées. Car Napoléon surveilla la composition du *Sacre* et des *Aigles* avec le même soin qu'un dispositif de combat ou un défilé triomphal. Et, plus d'une fois, il bouleversa les idées de son premier peintre. Par exemple, dans le projet du *Sacre* d'abord esquissé par David, l'Empereur pose la couronne sur sa propre tête, debout, le pied droit en avant, le buste renversé, la main gauche serrant la poignée du glaive plaqué à son côté. C'était assurément, là, le geste le plus saisissant, tout de conquête et de défense, ramenant tout à soi : le fauve qui griffe sa proie et montre les dents jusqu'aux gencives. Mais au point de vue esthétique, ce geste court, rentré, tassait encore la petite taille du Corse, déjà fort engoncé par le manteau impérial. Ce n'était guère heureux. En décidant qu'on effacerait ce soudard et qu'on montrerait, à sa place, un Justinien non pas se couronnant lui-même, mais couronnant Joséphine comme « un chevalier français, » l'Empereur dictait une attitude infiniment plus descriptive, et qui développait mieux sa silhouette.

De même, pour le Pape. David avait reçu l'ordre de « l'éteindre. » Alors il avait imaginé de le mettre dans un coin avec une mitre aux deux pointes visibles, les mains posées à plat sur ses genoux, passif et penaud, une attitude d'écolier auquel on a mis un bonnet d'âne. C'était se priver d'une physionomie très caractéristique. « Il n'est pas venu de si loin pour ne rien faire, » dit l'Empereur. David lui donna donc un geste de bénédiction, les deux doigts levés, pas bien haut comme s'ils étaient de plomb, mais significatifs. Il lui ôta sa mitre, et voici que la tête du pontife, à l'œil bien enchâssé, couronnée de cheveux noirs, parut dans toute sa vigueur. Sur tous ces points, le plan du souverain s'est trouvé être plus favorable à l'Art que celui du peintre.

De même, encore, avec la distribution des *Aigles*. On connaît ce tableau resté à Versailles, d'où son pendant, *le Sacre*, a, été retiré pour être mis au Louvre. C'est toujours le serment des *Horaces*, devenus des maréchaux de l'Empire et tendant leurs bâtons, comme des perchoirs, aux aigles d'or ballant des ailes parmi les voilures tricolores agitées. En face, ce sont les *Mercures* de Jean Bologne envolés sur la pointe du pied, et qui ont revêtu les uniformes les plus chamarrés de toutes les armes de l'Empire. Le flot qui descend se heurte à l'îlot qui monte et se brise en une brillante écume de drapeaux. Il y a, la, une idée pittoresque et un certain élan. C'est Véronèse ou Tiepolo qu'il eut fallu pour le rendre, mais, malgré ses insuffisances, David a été soutenu par la splendeur de quelque chose qu'il avait vu, au lieu de l'imaginer. Or, par là-dessus, ne s'était-il pas avisé de faire plafonner une allégorie : une lourde *Victoire* versant des fleurs et des palmes sur les plumets des hussards ou des sapeurs!... Cette figuration hétéroclite, toute seule de son espèce, dans une scène par ailleurs réelle et intelligible, semblait plutôt une femme qui dégringole d'un cinquième étage qu'une divinité. Napoléon, dès qu'il la vit, la fit effacer; la scène redevint tout entière vraisemblable et, si l'on considère la gaucherie de David dans le fabuleux, meilleure. Juxtaposer une allégorie à des concitoyens qu'on a saisis sur le vif, dans leur costume ou leur geste familiers, n'est nullement interdit à l'Art : Rubens et Vélazquez le font et font bien. Mais il faut du génie pour le faire et David n'en avait pas. En lui criant : casse-cou! on lui a rendu service.

Ce goût de Napoléon pour la vraisemblance, pour le fait précis et circonstancié, in flue sur tout. Il envoie son « petit chapeau » à David, sa witchoura à Gros, pour qu'ils soient reproduits, tels quels, dans *le Passage du Saint-Bernard* et dans l'*Eylau*, ne se souciant pas d'être écrasé sous la pyramide qu'est le casque de Minerve ou transformé en exhibition mythologique avec la cuirasse d'Auguste. Ce faisant, il dirige l'artiste du côté de la vérité documentaire et vestimentaire. On ne peut plus, quelque envie qu'on en ait, escamoter les caractéristiques de son temps. On prend son parti de ne plus faire un « tableau d'histoire. » On fait autre chose, qu'on croit inférieur, mais à quoi on se dévoue quand même. Eh bien, ce sera un « tableau-portrait! » dit David, en soupirant, devant *le Sacre*. Il a toujours admis qu'un portrait devait être traité autrement qu'une scène épique. Du jour où il est obligé de peindre une immense collection de portraits, il s'excuse, à ses propres yeux, de ne plus appliquer les règles de l'épique. Il finit peut-être par se consoler, en songeant qu'après tout les choses ont toujours commencé par être de la vie, avant d'être de l'histoire. Le « petit chapeau » n'est pas historique : tant pis ! il le sera. Et je ne veux pas dire que la vérité, dans ces détails secondaires et eux-mêmes artificiels, soit une condition essentielle de la vie dans l'Art, mais qu'étant donné le génie très réaliste des David et des Gros et leur inaptitude foncière à imaginer quoi que ce fût, c'était une discipline très salutaire que la volonté impériale leur imposait.

Plus encore que David, Gros doit ses chefs-d'œuvre à Napoléon. Sans doute, il portait en lui des dons de coloriste et un goût très vif pour le pittoresque de son époque, mais sans l'Empereur, jamais il n'eût osé leur donner issue. Ce n'était point le dédain des maîtres du XVIIIe siècle qui l'arrêtait, ni une superstition exagérée de l'Antique. C'était seulement la terreur de David. Mais cette terreur était si forte qu'il ne fallait rien de moins qu'un Dieu descendant du ciel pour l'en délivrer et le rendre à ses instincts. C'est justement ce qui lui arriva.

C'était une très riche nature que Gros, séduisante et facilement séduite, hypersensible, la plus frémissante et réceptrice, avec Prud'hon, de toute cette époque, — mais un esprit timide, de peu de confiance en soi, voyant trop ses défauts et pas assez ceux des autres, tourmenté de scrupules, de regrets et de craintes chimériques, halluciné parfois de phobies singulières, toujours dans le besoin d'une doctrine ou d'un maître où s'appuyer. Les circonstances lui en donnèrent d'abord un, David : c'était sa perte. Elles lui en donnèrent un autre, Napoléon : ce fut le salut. C'est lui, pourtant, qui avait choisi David, et c'est le hasard qui lui imposa Bonaparte. Mais le hasard, comme il arrive souvent aux natures faibles, le servit mieux que sa volonté. Il l'avait rencontré tout jeune en Italie pendant sa course vagabonde à la suite des armées françaises. Il s'était attaché à sa fortune, sans savoir que c'était la fortune, avec une passion pour la physionomie sévère, ardente et profonde du jeune chef, et peut-être aussi pour la grâce de Joséphine, qui le traînait après elle, dans ses bagages. Il avait vu la guerre de près, seul artiste avec le général Lejeune et, si l'on veut, Denon, qui aient approché alors des champs de bataille. Il pouvait donc la peindre.

Pourtant, de lui-même, il n'aurait jamais osé peindre ce qu'il avait vu. De retour à Paris, cloîtré dans son atelier du couvent des Capucines situé dans le quartier qui en a gardé le nom, sous la férule de David, il s'évertuait à quoi? A montrer *Sapho*, au clair de lune, se précipitant dans la mer, du haut d'un rocher, à Leucade, sa lyre dans les bras. C'est là-dessus qu'il s'efforçait de se monter l'imagination; c'est de cela qu'il attendait la gloire. Mais Bonaparte intervient et lui commande *les Pestiférés de Jaffa*. Il s'agissait de montrer le général en chef de l'armée d'Orient bravant l'épidémie et une mort sans gloire pour panser les plaies et relever les âmes. Gros était jeté en pleine vie contemporaine : par lui-même, il connaissait les figures des héros et leurs costumes, par Denon il connaissait le scénario et les lieux. Il n'était pas tenu à une rigoureuse exactitude. Il pouvait imaginer, inventer, bouleverser a sa guise le procès-verbal des faits, mais tout cela, il le faisait dans un accès d'enthousiasme pour des héros vivants, dans un milieu contemporain, sachant ce qu'il ajoutait, sachant ce qu'il retranchait, et non dans un délire archéologique et pour pasticher des statues. Dès lors, les préceptes de David étaient à vau-l'eau. Sujet de maladies et de tortures physiques, physionomies connues et portraits d'amis, costumes actuels, couleur orientale : — tout l'arrachait à l'emprise de Winkelmann. Tout l'acheminait dans une voie nouvelle : c'était la sienne; il s'y jeta éperdument.

David, en qui l'instinct de l'Art était très supérieur à l'intelligence et débordait les principes, fut peut-être surpris en voyant le *Jaffa* de son élève, mais nullement indigné. Il y avait, là, quelque chose qui contredisait sa doctrine, mais l'impression était tout de même savoureuse et forte, et, sans barguigner, il y applaudit. Le succès fut immense. Des couronnes furent apportées par le public, une grande palme suspendue par les jeunes artistes, un banquet offert à Gros pour célébrer son tableau. Napoléon, qui avait suscité ce chef-d'œuvre, en voulut un autre. Quatre ans après, à la suite d'un concours, Gros était chargé de peindre le champ de bataille d'Eylau. De nouveau, c'était une scène contemporaine bourrée de portraits, en plein paysage, avec un nouvel étalage de blessures et de misères, secourues par la pitié humaine. De nouveau, la thèse du *beau idéal* était abandonnée. Quand ce tableau fut exposé avec *les Sabines* de David et la *Justice et la Vengeance* de Prud'hon, en 1808, il fut évident que les œuvres nées de commandes officielles l'emportaient de beaucoup en spontanéité et en somptuosité picturales sur les conceptions dues à l'initiative des artistes.

La révolution ne s'arrêtait pas là. Une fois libéré des tyrannies de l'École en ce qui touchait le sujet, la donnée générale et l'expression, Gros s'en affranchit aussi quant à la facture. La conséquence, certes, n'était pas inévitable, mais assez naturelle. Une fois la bride sur le cou, l'artiste court où l'appellent ses appétits de coloriste et de gourmet sensible aux succulences de la matière. Et c'est Rubens, ou bien encore les Maîtres Vénitiens entrés depuis peu au Louvre, qui les lui enseignent. Gros les évoque et les invoque, sans cesse, comme des sauveurs. Il charge sa palette de couleurs inconnues ou proscrites. « On ne fait pas de la pointure à la Spartiate, » dit-il. Il s'inquiète de l'effet d'ensemble dans une même lumière, une même atmosphère, — une même pâle, pour mieux dire, — et, alors, il rompt nettement avec les pratiques de l'Ecole. Au lieu de peindre, morceau par morceau, séparément et jusqu'au bout chaque figure, comme on fait autour de lui, il les amène toutes, degré par degré, au ton définitif. Nées ensemble, grandissant ensemble et nourries d'une même substance, elles vivent dans une harmonie que ne connaissent pas leurs voisines de David, de Guérin ou de Girodet. Dans *Eylau*, par exemple, il y a une atmosphère diffuse et lourde, quasi palpable, qui saisit comme le froid et enveloppe comme un suaire. Les figures ainsi oppressées sont bien vivantes et humaines, capables de sentir et de réagir. Qu'on se tourne à gauche vers le *Léonidas*, qu'on aille, sur la paroi opposée, regarder *les Sabines*, ou bien la *Psyché* de Gérard, ou l'*Énée racontant à Didon les malheurs de Troie*, de Guérin, statues coloriées ou billes de bois verni posées dans un décor d'opéra, où nul air ne circule, où nul frisson n'a passé, on sentira combien Gros est véritablement peintre en comparaison.

Et ce n'est pas seulement *Eylau* et *Jaffa*, qui sont sortis de cette esthétique nouvelle : c'est l'œuvre tout entière de Géricault et celle de Delacroix. L'influence de Gros sur ses jeunes confrères est immédiate, manifeste et durable. Seul des artistes vraiment doués qui illustrèrent cette époque, Prud'hon toujours mis à part, Géricault a eu l'audace d'aborder des sujets de la vie réelle : l'*Officier de chasseurs*, en 1812, et l'*Officier blessé*, en 4814, sans y être obligé par Napoléon. Mais eût-il osé les peindre, avec cette fougue et ce dédain de l'Ecole, s'il n'avait pas eu, sous les yeux, les exemples de Gros, je veux dire l'*Eylau* et le *Jaffa*? En tout cas, Géricault passionné pour l'art de Gros, est certainement issu de lui, et Gros n'ayant déployé son génie propre que contraint et forcé par l'Empereur, on peut douter que, sans l'Empereur, on eût vu, du moins à cette époque, les deux toiles célèbres de Géricault.

Enfin, Delacroix est bien de la même lignée. Si l'on compare ses œuvres à celles de Gros, on le devine; si l'on écoute Delacroix lui-même, on est fixé. « Quand je fis, en 1822, le premier tableau que j'osai exposer et qui représentait *Dante et Virgile*, dit-il, le succès de ma carrière date de cette époque lointaine. Je ne parle pas de celui que j'eus dans le public, malgré mon obscurité, ou peut-être à cause d'elle, mais de la manière flatteuse dont Gros me parla de mon tableau. J'idolâtrais le talent de Gros, qui est encore pour moi, à l'heure où je vous écris, et après tout ce que j'ai vu, un des plus notables de l'histoire de la peinture. Le hasard me fit rencontrer Gros qui, apprenant que j'étais l'auteur du tableau en question, me fit avec une chaleur incroyable des compliments qui, pour la vie, m'ont rendu insensible à toute flatterie. » On le voit : Gros fut bien l'animateur de Delacroix.

Ainsi, en les aiguillant vers des sujets nouveaux, Napoléon aiguillait David et Gros et, par Gros, les meilleurs de nos jeunes artistes vers une esthétique différente. Assurément, il n'eut pas suffi de ces sujets pour faire des chefs-d'œuvre : ils n'ont pas suffi aux Debret, aux Gautherot, aux Meynier, aux Bourgeois, à une foule d'autres plats mémorialistes, dont les pages purement documentaires tapissent Versailles. Pour faire *le Sacre, Jaffa, Eylau*, il ne suffisait pas d'en avoir la commande, il fallait en avoir le talent. Ce talent, ce n'est pas l'Empereur qui le leur a donné. Mais avant lui, après lui, ou sans lui, qu'en ont-ils fait? Oh! c'est bien facile à voir...

III

Entrons au dernier *Salon* ouvert avant le Consulat, le Ier fructidor an VII, dans la grande salle du *Musée central des Arts*, au Louvre et après avoir acquis pour 75 centimes le livret, où un avis nous prévient que nous pouvons, en toute sécurité, laisser « notre sabre » au vestiaire, considérons les promesses et les résultats du talent des « artistes vivants, » à ce jour. Nous sommes en pleine antiquité gréco-romaine. Des Brutus, des Regulus, des Thésée et Hippolyte, des Aristomène, des Cincinnatus, des Porcia et Marcus, des Curtius gesticulent autour de nous, avec de grands mouvements de gymnastique suédoise, les bouches ouvertes à la manière des mascarons de fontaines, les doigts écartés pour qu'on puisse bien s'assurer qu'il y en a cinq par main, dans des paysages sans horizon, ou des salles vidées de tout objet serviable, portant de gros paquets de linge, sous prétexte de draperies, sans aucun frémissement de lumière, ni d'atmosphère quelconque. Sauf dans de tout petits tableaux, pas un seul regard sur la vie. Il y a bien quelque chose sur le *10 août*, mais c'est une allégorie, une autre sur le 9 thermidor, mais c'est encore une allégorie.

Pourtant, un succès se dessine, une rumeur court qu'il y a un chef-d'œuvre, la foule se précipite et s'entasse vers des figures qui jouent une scène de deuil, où l'on croit éprouver le tragique de nos discordes civiles, les tristesses de l'émigration... Hélas ! ce sont encore des Romains, d'authenticité incertaine mais d'un pastiche sûr : Marcus Sextus échappé aux proscriptions de Sylla, trouve, à son retour, sa fille en pleurs auprès de sa femme expirée. C'est l'œuvre de Guérin, élève de Regnault et pensionnaire de la République. Reprenons notre route : voici des Ambassadeurs de Rome venant, en l'an 300, demander à l'Aréopage communication des lois de Solon... C'est le prototype de la scène à ne pas faire, non que le génie ne puisse pas tirer parti de tout sujet en lui appliquant telle heureuse donnée esthétique, — laquelle seule importe, — mais le génie est rare, le talent est fréquent : il y en a chez les artistes de 1799, mais entièrement dévié par la théorie de l'Antique. Que fait David, en 1799? Il commence à peindre *les Sabines*. Que fait Gros? Il rêve une *Sapho à Leucade*. Que font Girodet, Gérard, tous ceux qui doivent plus tard réaliser, au moins dans des portraits, quelque œuvre vibrante? Ils s'enlisent de plus en plus profondément dans le pastiche du marbre et oublient de plus en plus les joies de la couleur.

Trois grands faits, cependant, auraient dû influer sur eux à cette époque : d'abord, l'arrivée au Louvre des chefs-d'œuvre conquis pendant les campagnes de Belgique et d'Italie, « la République acquérant par son courage ce qu'avec des sommes immenses Louis XIV n'avait jamais pu obtenir », selon le mot de Grégoire; ensuite, les trouvailles de l'Expédition d'Egypte ; enfin la réunion des « antiquités françaises, » c'est-à-dire des morceaux de sculpture du Moyen-âge et de la Renaissance, tirés des églises et des châteaux dévastés et recueillis au dépôt des Petits-Augustins, à peu près l'emplacement actuel de l'Ecole des Beaux-Arts, côté de la rue Bonaparte.

Le premier de ces événements, inattendu et inouï dans l'histoire, nous apportait de quoi réveiller tous les instincts coloristes de notre école à l'appel des Flamands d'abord, puis des Vénitiens les plus somptueux. Le second élargissait l'horizon de nos ornemanistes et décorateurs, en fournissant de nouveaux modèles de style égyptien, — lequel était bien apparu avant la campagne d'Egypte, mais non point encore si bien connu. Le troisième fait nouveau entrouvrait le trésor des fantaisies et des complexités du gothique. Toute une gamme d'expressions, de gestes, d'effets entièrement oubliés, toute une science des plis et de l'équilibre particuliers à cette statuaire architecturale se pouvaient étudier dans ces salles, où Lenoir veillait avec un soin pieux, grave et inquiet. De même que le Louvre, cette immense collection était publique. Voilà donc, des deux côtés de la Seine, dès le Consulat, un jaillissement de Jouvence esthétique, de quoi ravir les jeunes imaginations et les transporter dans des mondes nouveaux. A lire la liste des Titien, des Rembrandt, des Véronèse, des Van Dyck, des Rubens, que nos troupes rapportèrent des pays conquis, il semble qu'il y ait dû y avoir, chez nous, à leur contact, une explosion de couleur.

Mais en y regardant de près, on s'aperçoit qu'il n'en fut rien ou que leur influence se réduisit à très peu de chose. D'abord, ces révélations ne furent pas aussi largement accessibles au public qu'on pourrait le croire. Beaucoup de chefs-d'œuvre, apportés des Flandres ou d'Italie, de 1794 à 1800, passèrent inaperçus, parce qu'on mit un temps infini à les exposer au Louvre. Quelques-uns même ne sortirent jamais des caisses où on les avait emballés et retournèrent, en 1815, dans leur pays d'origine, sans avoir pu ensemencer le nôtre. Beaucoup d'autres, quoique exposés dans la grande galerie du Louvre, demeurèrent à peu près invisibles, grâce aux faux jours de cet interminable tunnel, alors éclairé seulement par les fenêtres latérales, d'autant qu'ils étaient entassés du plancher jusqu'au plafond.

Toutefois, ce qu'on en vit alors eût bien suffi à convertir à l'Art vivant les pasticheurs de l'Antique, s'ils l'avaient pu être. Et, d'ailleurs, Rubens, tout seul, bien connu d'eux tous, suffisait. Il avait suffi, un siècle auparavant, à Watteau. Mais Watteau était préparé, par ses propres affinités, à écouter Rubens. David et ses élèves ne l'étaient pas. M. Ingres, encore cinquante ans plus tard, enjoignait à ses élèves de se cacher la figure en passant devant *la Galerie de Médicis*. Les plus belles découvertes du génie humain ne déterminent aucune orientation nouvelle chez des gens à qui une théorie a mis des œillères et qui s'interdisent telles ou telles jouissances d'art comme des péchés. L'esprit ne s'enrichit que de ce qu'il désire.

En fait, les jeunes artistes de la Révolution et de l'Empire n'étant friands que de l'Antique, n'eurent d'yeux que pour les statues venues de

Rome. Parmi les dépouilles opimes, que les Parisiens virent défiler, le 9 Thermidor an VI, depuis le Jardin des Plantes jusqu'au Champ de Mars, alternant avec des lions en cage, des ours, des dromadaires et des chameaux, les seules œuvres qui devaient faire vraiment impression, une fois sorties de leurs caisses, étaient les *Chevaux* de Venise, l'*Apollon* du Belvédère et le *Laocoon*, — de Lessing, est-on tenté de dire, tant le verbiage du pédant y demeurait attaché. Le reste tomba comme le grain de l'Évangile sur la pierre ou la terre aride et ne germa point.

Ainsi, à cette question : qu'auraient fait les artistes de l'An VIII, sans la brusque offensive de Bonaparte contre leur esthétique, on peut répondre en toute sûreté : ils auraient continué de faire ce qu'ils faisaient, parce que ce qu'ils faisaient répondait à la fois à leurs convictions esthétiques et au goût régnant; cela rassurait leur conscience et leur assurait le succès. Il faut bien que rien ne fût capable de les en détourner, puisque, même mis sur la voie de l'art moderne, ils ne la suivirent pas. Ils ne la suivirent que contraints et forcés, tant qu'ils furent sous les yeux du maître. Et, encore, se retournaient-ils constamment, pour considérer d'un œil de regret les plats pastiches qu'il leur avait fallu quitter : Gros, sa *Sapho* se précipitant du rocher de Leucade, Gérard, sa *Psyché* recevant le premier baiser de l'Amour, Girodet, ses héros soulevés vers *Ossian*, Guérin, son *Marcus Sextus*, David, son *Brutus* ou son *Léonidas*. « Chaque fois que j'habille une figure à la moderne, disait Girodet, il me prend envie de briser mon pinceau! » David faisait écho : « Je dessine avec soin une jambe, je vais y mettre de la chair; il faut que j'y renonce pour la charger d'une grosse botte! En vérité, un artiste du Pont-Neuf suffirait à remplir la moitié de mes tableaux. O mes Romains, mes Grecs, mes divinités d'Athènes, de Corinthe, ne sortez jamais de mon portefeuille ! » Et l'auteur des *Mémoires* où cette scène est racontée, mémoires publiés dès la Restauration, conservant donc bien encore l'empreinte laissée sur les esprits par l'époque davidienne, ajoute : « *David et Girodet déploraient la tyrannie impériale.* »

Gros, lui, ne la déplorait peut-être pas. Mais à peine cette tyrannie disparue, il retombait sous celle de Winckelmann. Quant à David, dès 1814, il reprend son *Léonidas*, longtemps relégué dans un coin de son atelier, et, plus tard, à Bruxelles, tout à fait libre, il exécute son plus mauvais tableau : *Mars désarmé par Vénus*, vraie tapisserie de l'exilé, où tous les vices du système éclatent. Quelle que soit, en effet, l'erreur ou l'absurdité d'une doctrine, tant que la sève monte chez un artiste, elle vivifie ses œuvres, en dépit de leur direction et de son parti pris. Mais avec le temps, le parti pris augmente et la sève tarit. Alors, dans un organisme affaibli, le venin de la fausse doctrine fait sentir tous ses ravages. Il y a de la vie dans *les Horaces* ; il y en a déjà moins dans *les Sabines* ; dans le *Léonidas* et le *Mars*, il n'y en a plus du tout.

David retourne donc à son erreur. Bien mieux, il adjure les autres. Il profite de son reste d'influence sur ses anciens disciples pour les ramener aux pastiches de l'Art grec. Girodet obéit avec enthousiasme et peint *Pygmalion et Galatée*. Gros poursuivrait peut-être la veine heureuse que l'Empereur lui a ouverte; mais David, du fond de son exil, y met bon ordre. Il lui écrit en 1820 : « Etes-vous toujours dans l'intention de faire un grand tableau d'histoire? Je pense que oui. Vous aimez trop votre art pour vous en tenir à des sujets futiles, à des tableaux de circonstance. La postérité, mon ami, est plus sévère : elle exigera de Gros de beaux tableaux d'histoire. Quoi! dira-t-elle, qui devait plus que lui représenter Thémistocle faisant embarquer la valeureuse jeunesse d'Athènes se séparant de sa famille, abandonnant ce qu'elle a de plus cher pour courir à la gloire, animée par la présence de son chef? Pourquoi Alexandre, âgé de dix-huit ans, sauvant son père Philippe, n'a-t-il pas été représenté par Gros? A-t-il aussi oublié les mariages Samnites, où les plus belles filles, rangées avant le combat, étaient le prix du vainqueur et de celui qui faisait la plus belle action? S'il voulait s'en tenir à Rome, que n'a-t-il peint Camille qui punit l'arrogance de Brennus; le courage de Clélie allant trouver Porsenna dans son camp; Mucius Scævola, Regulus retournant à Carthage, bien convaincu des tourments qui l'y attendent, etc. L'immortalité compte vos années, n'attirez pas ses reproches; saisissez vos pinceaux, produisez du grand pour vous mettre à votre juste place... Le temps s'avance et nous vieillissons et vous n'avez pas encore fait ce qu'on appelle un vrai tableau d'histoire : quand vous avez le talent et l'âge encore, vous convient-il d'attendre toujours? Vite, vite, mon bon ami, feuilletez votre Plutarque... »

On saisit là, au vif, l'aberration d'un grand artiste, dès qu'il s'embarrasse d'un système esthétique. Ces deux axiomes : L'Art ne doit représenter que l'histoire, et le temps où l'on vit n'est pas de l'histoire, nous sont aujourd'hui tout à fait inintelligibles comme d'ailleurs, les axiomes de Courbet, de Zola et de l'école réaliste qui peuvent se résumer ainsi : On ne doit peindre que la nature, et : l'Italie, la Grèce, l'Espagne, la Suisse, les Alpes, les Pyrénées, notre Provence, la Bretagne ne font pas partie de la nature. Ce sont choses qu'il faut accepter comme révélées, car ni la raison, ni le sentiment n'y ont la moindre part. Tous les élèves de David les acceptaient et M. Ingres, bien longtemps après, lorsqu'on avait l'impertinence de trop louer ses portraits, se redressait avec ce coup de bec : « Je suis un peintre d'histoire. » Gros obéit donc et quelque temps après, le dictateur exilé, mais encore puissant, lui écrivait avec la sereine inconscience des systématiques et des maniaques : « Je suis content de vous voir tiré des habits brodés, des bottes, etc... Vous vous êtes assez fait voir dans ces sortes de tableaux où personne ne vous a égalé. Livrez-vous actuellement à ce qui constitue la vraie peinture d'histoire : vous voilà sur la route, ne la quittez plus. »

Il ne devait plus la quitter, en effet L'Empereur n'étant plus là pour lui dire : C'est bien ! il n'osa plus peindre les visages et les gestes vivants autour de lui. Son *Louis XVIII quittant les Tuileries* n'est qu'une exception, et malheureuse. Bien plus, il reniait ses chefs-d'œuvre. Aux obsèques de Girodet, en 1824, il y eut une scène étrange et très caractéristique de cette crise de scrupule. Comme les confrères du défunt, membres de l'Institut pour la plupart, étaient là, profondément attristés, déplorant la perte d'un fervent apôtre des idées académiques et inquiets de la poussée de l'école dite « romantique » et surtout anecdotique, l'un d'eux dit tout à coup à Gérard : « Pourquoi ne le remplacez-vous pas et ne vous levez-vous pas pour prendre la tête de l'Ecole, puisque David est exilé? — Je ne m'en sens pas la force, » dit Gérard. — « Et moi, s'écria Gros, les larmes aux yeux, dans un de ces accès de neurasthénie qui devaient lui coûter la vie, non seulement je n'ai point assez d'autorité pour diriger l'école, mais je dois m'accuser d'avoir été l'un des premiers à donner le mauvais exemple qu'on a suivi, en ne mettant pas dans le choix des sujets que j'ai traités et dans leur exécution, cette sévérité que recommandait notre maître !... »

Ayant dit, l'auteur d'*Eylau* et de *Jaffa*, l'inspirateur de Delacroix et de Géricault, retourna feuilleter sa mythologie. Il finit par exécuter une grande machine : *Hercule et Diomède*, si mauvaise qu'il en fut épouvanté lui-même et se tua. Un matin de juin de l'année 1835, un marinier du Bas-Meudon découvrit un corps immobile, enfoui dans les roseaux, la tête appliquée sur la vase. Tourné au ciel, on reconnut le beau visage qu'avaient éclairé, en Italie, les premiers rayons de la gloire napoléonienne. Ainsi, les peintres de l'Empereur eurent à peu près la même destinée que ses maréchaux, les Berthier, les Brune : ils n'existaient que par lui. Ils ne remportèrent, lui disparu, plus aucune victoire.

Mais les jeunes, dira-t-on, la génération qui poussait autour de ces maîtres, au bruit du canon, dans l'enivrement d'une vie intense et d'un monde renouvelé, l'Europe conquise au pas de course, après l'Orient dévoilé, toutes les races confrontées, les mœurs contrastées, les costumes, les gestes, les caractères saillants de tant de peuples révélés, ne portait-elle pas en germe un idéal nouveau ?

On pourrait l'imaginer, *a priori*, si l'on ne connaissait les tendances de la jeunesse au début du Consulat : un art plus vivant et moins académique allait sortir de ses enthousiasmes. Mais point : c'est le contraire qui, sans Napoléon, fût arrivé. Car les jeunes d'alors étaient encore bien plus « pompiers » que l'institut. Certes, il est ordinaire que les disciples soient plus de leur école que le maître, et cela pour deux raisons : d'abord parce que l'outrance est le plus facile moyen de se distinguer dans la voie qu'ils ont choisie, ensuite parce qu'étant plus jeunes, ils croient davantage à la vertu des systèmes. Mais ce qui n'est pas fréquent, c'est qu'ils dépassent tellement le maître qu'ils en arrivent à le renier et à le cribler de sarcasmes. Tel est le scandale qui devait se produire dans l'atelier de David.

Celui-ci était le premier responsable. Il leur avait dit, au moment de peindre *les Sabines* : « J'ai entrepris de faire une chose toute nouvelle ; je veux ramener l'Art aux principes qu'on suivait chez les Grecs. En faisant *les Horaces* et le *Brutus*, j'étais encore sous l'influence romaine. Mais, messieurs, sans les Grecs, les Romains n'eussent été que des Barbares en fait d'art. C'est donc à la source qu'il faut remonter, et c'est ce que je tente de faire en ce moment. J'étonnerai bien des gens : toutes les figures de mon tableau seront nues et il y aura des chevaux auxquels je ne mettrai ni mors ni bride. Peut-être ai-je trop montré l'art anatomique dans mon tableau des *Horaces*; dans celui-ci des *Sabines*, je le cacherai avec plus d'adresse et de goût. Ce tableau sera plus grec... »

Voilà la théorie, mais en pratique et malgré sa rigueur David fit aussi autre chose, puisqu'il fit *le Sacre* et les *Aigles*, et dans *les Sabines* mêmes, le groupe des femmes éplorées et des enfants n'est plus tout à fait impersonnel et stylisé. C'est qu'en David, il y avait un philosophe et un peintre. Le philosophe, esprit faible, et facilement influençable, ballotté en sens contraires par tous les reflux de la Révolution, le bras toujours tendu pour des serments contradictoires : — serment des *Horaces*, — serment du *Jeu de Paume*, — serment des *Aigles*, — serment de *Léonidas*, — séduit comme tous les esprits faibles par la rigueur des théories absolues, trottant derrière

Winckelmann comme derrière Robespierre, était un assez pauvre homme. Mais le peintre, artiste de tempérament, ne laissait pas de comprendre et même d'éprouver, à part soi et comme en cachette du philosophe, la beauté de l'Art le plus éloigné du sien. Il comprenait Gros, sentait le charme de Prud'hon, trouvait à admirer chez le Pérugin et les Primitifs, défendait même à l'occasion Boucher contre les excès de la réaction qu'il avait déchaînée.

Alors, ses jeunes troupes s'effaraient et n'étaient pas loin de crier à la trahison. Ses disciples dénués de talent et plus encore de génie, comme Fabre, Maurice Quai, Perrier, Colson, Moriès, Ducis, Saint-Aignan et une foule d'autres *barbus* d'avant-garde, tout à fait incapables d'éprouver les griseries de la couleur ou l'esprit du dessin, masquaient la pénurie de leur apport par l'intransigeance de leurs proscriptions. Ayant donc adopté avec enthousiasme le programme sévère de Winckelmann, ils se demandaient pourquoi leur maître faisait encore quelque chose pour la peinture. Ils ne trouvèrent nullement qu'il fût assez « grec » dans les Sabines, ou du moins ce n'était plus qu'un grec de la décadence. Il fallait donc remonter jusqu'aux premiers, jusqu'aux *Primitifs*, pour retrouver le secret de la beauté pure. Voilà le cri des jeunes révolutionnaires proféré, dès 1802, cent ans avant qu'il redevint, à Paris, l'épithète laudative par excellence, et cinquante environ avant que les Nazaréens allemands et les Préraphaélites anglais en fissent leur mot d'ordre.

Dès lors, puisque le *Beau idéal* était là, pourquoi s'embarrasser des progrès de l'Art, et du métier, depuis Phidias et surtout de la peinture, depuis la Renaissance? Le chef de cette secte des *Penseurs* ou des *Primitifs* de 1802, Maurice Quai le proclamait : « Tant que les modèles de mauvais goût, tels que ceux qui proviennent de l'art italien, romain, ou même grec en remontant jusqu'à Phidias exclusivement, seront soufferts dans les écoles, il n'y a pas lieu d'espérer qu'aucune amélioration se fasse sentir dans les études; quant à lui, il ne commencerait à espérer le retour du goût simple, pur, *primitif* enfin, que du moment où il verrait *brûler et détruire* (ce sont ses paroles) *tous ces prétendus chefs-d'œuvre* qui font horreur aux gens imbus des pures doctrines. « Ce jour viendra, n'en doutez pas, mes amis ! » s'écriait-il dans son enthousiasme. Et, pour le hâter, il se promenait sous les guichets du Louvre ou auprès de tout ce qui pouvait ressembler de loin à un portique, vêtu en Agamemnon, flanqué d'un autre jeune artiste de ses amis, un certain Perrier, vêtu en berger Paris, au grand ébahissement des derniers Incroyables, qui avaient trouvé plus incroyable qu'eux. Voilà ce que prêchaient les successeurs de David et de Girodet, quand Bonaparte interrompit leur essor.

En tant que secte, ces *Primitifs* de l'An X ne jetèrent qu'un éclat assez bref. Mais il suffit à montrer où allait la jeunesse, — car c'était, là, de tout jeunes gens, — et ce n'était assurément pas vers la nature et la vie. Elle renchérissait sur les préjugés académiques. Elle prêchait la désertion de l'atelier, les jours où le modèle vivant n'était pas assez régulièrement « beau, » selon le canon grec. Elle proscrivait les effets d'ombre et de couleur, d'atmosphère et de pâte, de peur d'embrouiller la pureté de la ligne. C'était la déduction logique et rigoureuse des principes, déjà très contestables, posés par ses maîtres, et comme toutes les déductions, en esthétique, c'était l'oubli des quelques vérités expérimentales qui avaient pu donner naissance aux principes. L'erreur est inévitable. Au rebours de la sensation, qui s'affaiblit avec le temps, le raisonnement s'exagère. Plus l'esprit creuse une idée et en développe les conséquences, plus il la vide, sans Je vouloir, de son contenu : peu à peu il la réduit à une simple forme ou formule. Ainsi, en creusant l'idée de simplicité, les « jeunes, » sous David, aboutissaient au néant.

Aussi, excepté Prud'hon qui eût fait, sous tout autre règne, la peinture qu'il a faite; excepté les petits maîtres comme Georges Michel ou Boilly, qui sont hors de cause, pas un artiste n'a créé œuvre vivante, ni manifesté une tendance vivifiante pour l'Art, on dehors des sujets imposés par Napoléon. Pas un n'a osé, sans être couvert par ses ordres, regarder du côté de son temps. Dès le *Salon* de 1817, l'Antique et un faux Moyen âge ont déjà remplacé les pages d'actualité. Et, à celui de 1819, un critique s'écriait : « Est-ce que les pages de notre histoire récente ne parleraient plus au génie de nos artistes ? » Le critique de 1819 fait écho à la plainte du ministre Bénézech en 1T96. Après la chute de l'Empire, comme avant son avènement, le *beau idéal* règne seul. A ce même Salon de 1819, il est vrai, une œuvre parait, qui va échapper à sa tyrannie : *le Naufrage de la Méduse*. Les idées peu à peu changeront. Un jour viendra où l'on verra la critique tout entière et les artistes soutenir que l'Art doit observer et traduire la vie contemporaine, des types vivants et dans la nature ambiante. Mais de 1800 à 1815, un seul homme soutient cela : c'est Napoléon.

Il faut donc reconnaître qu'il y a eu un art de l'Empire, et que cet art est dû à l'Empereur, je veux dire tout autant, sinon plus, que l'art de la Renaissance est dû à Jules II, à Léon X ou à aucun des Mécènes de ce temps. Il n'a pas créé ses artistes, non plus que les Papes et les princes italiens n'ont créé les leurs, — et si ceux-ci ont eu plus de génie, leurs patrons n'y sont pour rien, — mais il a dirigé le peu de génie qu'il a trouvé autour de lui dans la voie où il pouvait le mieux déployer ses forces. Il ne lui a pas fixé de lois esthétiques, mais il l'a libéré des lois de Winckelmann. A cette école française, qu'il trouvait fourvoyée par les Allemands dans la superstition la plus pédantesque et la moins compréhensive qui fut jamais des formes et des héros antiques, il a dit: « Nous sommes là, nous autres! » et cela suffit. Il l'a fait rentrer dans le siècle et en France. L'Art tout entier, — Prud'hon excepté, — allait s'embabouiner dans la bonace des pastiches. C'est lui qui, d'un vigoureux coup de barre, l'a rejeté dans le grand courant de la vie.

www.ingramcontent.com/pod-product-compliance
Lightning Source LLC
Chambersburg PA
CBHW020011050426
42450CB00005B/423